DESTERÊNCIA

Jaqueline Conte

Conheça melhor
a Biblioteca Madrinha Lua.

editorapeiropolis.com.br/madrinha-lua

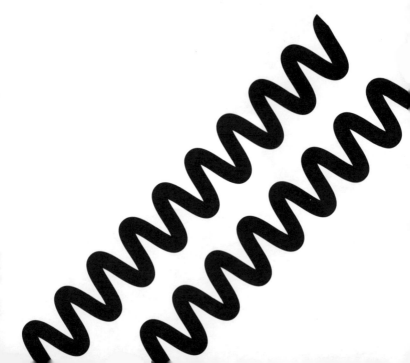

DESTERÊNCIA

Jaqueline Conte

EDITORA Peirópolis

São Paulo, 2023

EDITORA **Renata Farhat Borges**

COORDENADORA DA COLEÇÃO **Ana Elisa Ribeiro**

PROJETO GRÁFICO E DIAGRAMAÇÃO **Gabriela Araujo F. Oliveira**

REVISÃO **Mineo Takatama**

Dados internacionais de Catalogação na Publicação (CIP)
de acordo com ISBD

C761d Conte, Jaqueline

Desterência / Jaqueline Conte – São Paulo: Peirópolis, 2023.
84 p.; 12 x 19 cm. (Biblioteca Madrinha Lua)

Inclui índice.
ISBN 978-65-5931-271-9

1. Literatura brasileira. 2. Poesia. 3. Poesia contemporânea – poesia escrita por mulheres. I. Título. II. Série.

2023-1877 CDD 869.11
CDU 821.134.3(81)-1

Bibliotecário Responsável: Odilio Hilario Moreira Junior – CRB-8/9949

Índice para catálogo sistemático:
1. Literatura brasileira: Poesia 869.1
2. Literatura brasileira: Poesia 821.134.3(81)-1

Editado conforme o Acordo Ortográfico da Língua Portuguesa de 1990.

1ª edição, 2023

Editora Peirópolis Ltda.
Rua Girassol, 310f – Vila Madalena
05433-000 – São Paulo – SP
tel.: (11) 3816-0699
vendas@editorapeiropolis.com.br
www.editorapeiropolis.com.br

A todas as mulheres, antes e ao redor de mim.

PREFÁCIO

Poesia para ir além, muito além

Maria Valéria Rezende

Há poetas que, para gerar seus versos, miram-se longamente no espelho; outros, como Jaqueline Conte, parece-me, colhem seus poemas olhando pela janela, pelas frestas, para longe, para o alto; descobrem e nos revelam a beleza que, para os distraídos e ensimesmados, se esconde na trama do mundo, mas, para os atentos e abertos, está sempre a dizer mais, a revelar que "a luz esconde a noite / na esquina de cada dia"; que onde há "onze passarinhos / no mesmo fio de luz / só a música voa"; que "a janela tem vista / pro cantar do galo"; e que, talvez, "os pássaros ouvem melhor / do que cantam". Jaqueline faz parte dessa linhagem de poetas.

A poesia que aqui encontramos é daquela que nos faz perceber que não há vida humana sem literatura, sem aquilo que criamos com palavras para preencher as lacunas do que chega pelos nossos cinco sentidos – apenas fragmentos de tudo o que existe ou pode vir a existir –, a poesia como liberdade, outro modo de ver, para além do que percebemos de imediato, assim:

> "Os limpadores de vidro
> dos arranha-céus espelhados
> uns sofrem limpando manchas
> de pássaros estraçalhados
> outros sonham alto
> polindo nuvens"

Revela-se, aqui, a poesia como indispensável para dar conta das infinitas possibilidades do humano, para além de qualquer ciência que fala do genérico, do abstrato, e não dá conta de nenhuma vida real, cada uma delas única quando narrada:

> "... quero um velho pra me contar...
> ... pra me dizer:
> 'No meu tempo...'
> pra não me sentir sem história..."

Sugiro a quem abriu este livro que prossiga, desdobre suas antenas e haverá de, pelo menos por um momento, desinventar os limites e os muros, recuperar a poesia de tudo, do extremamente grande e do quase invisível, de tão miúdo que ficou grudado em sua alma pela

> "melhor cola da memória:
> aquela que não desgruda da infância!"

Maria Valéria Rezende é escritora e tradutora.

HOTEL DE INTERIOR

Pintura

No Departamento da Criação
queria ser eu a encarregada
de distribuir as cores pros passarinhos
(Deus delegaria tal função?)

Notação

onze passarinhos
no mesmo fio de luz
só a música voa

Rock

Chuva a cântaros
espocam gordas gotas
cantam todos os pisos
São Pedro no céu, empolgado
toca a bateria de nuvens

Os pássaros

Os pássaros sabem mais
sobre a resistência dos galhos
e a decadência das flores
sobre a direção do vento
e a floresta que arde

Há séculos sabem da amizade
entre fadas e libélulas
e já de longe sentem o sabor
da cor de cada fruto

Os pássaros sabem
que o céu não tem canto
e que o vento assobia em coro
de quando em quando

Os pássaros ouvem melhor
do que cantam

Pica-pau-branco

Em volta dos olhos
redemoinhos de sol

Hotel de interior

A janela tem vista
pro cantar do galo

De trás dos longes

Num tempo de longe, longe
reuni numa caixinha
os primeiros encantos da infância:
um ninho de passarinho
um trio de tatu-bolinha
cola de seiva de árvore
um canudo de mamoeiro
pra fazer bolhas de sabão

Na idade adulta, lembrei-me:
o passarinho comeu os tatus-bolinha
a cola entupiu o canudo do mamoeiro
o sabão molhou a caixa de recordação

Já na velhice, revivi
a mesma caixa de então:
uma família de passarinhos
bolhas coloridas por todo lado
os tatuzinhos num parque de diversão
e a melhor cola da memória
aquela que não desgruda da infância

Oh, meu rosmaninho!

Um bouquet de rosmaninho
lá da Serra das Talhadas
eu colhi bem de mansinho
rente à beira da estrada

A sonhar vaso cheinho
roxazuis pendões floridos
plantei os rosmaninhos
na varanda ensolarada

Mas, ó miséria, o rosmaninho
de tristeza ou de saudade
em Coimbra se deitou
não durou nem um pouquinho

A ema e o beija-flor

Lá pras bandas do Goiás
um topetinho-vermelho
na cabeça de uma ema

A imensa ave da terra
era mesmo um poema
exibindo na cabeça
minúsculo beija-flor

Cedo

É manhãzinha
no canto da vidraça embaçada
uma aranha prepara
sua primeira teia

Bem no topo da cerejeira
um ninho bem-feitinho
tem a vista toda rosa

Entre duas barracas de feira
o menino indígena reina
vendendo cestos de cores várias

Preparação

Agosto gesta jardins
e toda espécie de passarinhos
não é falta
não é desgosto
são as cores todas postas
em potência de carmim

Agosto não faz alarde
só acende a luz para os brotos
e faz rascunho de espantos
da estação que está por vir

Três poemas de preguiça e tempo

o passarinho ouve de longe
o som descabido dos caramujos
a brilhar de mensagens os musgos

....
sol de fim de tarde
na areia morna
estica-se a preguiça

....
o desenho pintado
na meia parede
cheia de mato
espectra
dia a dia

Casca

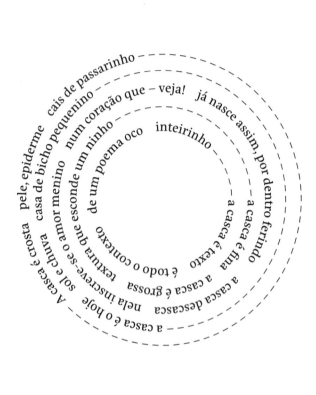

A casca é crosta
pele, epiderme
cais de passarinho
a casca é o hoje
sol e chuva
casa de bicho pequenino
a casca descasca
nela inscreve-se o amor menino
num coração que – veja! já nasce assim, por dentro ferindo
a casca é fina
a casca é grossa
textura que esconde um ninho
a casca é texto
é todo o contexto
de um poema oco
inteirinho

Pé sujo, flor e caramujo

Na casa da Vó Ermelinda
o quintal é uma diversão
pode brincar com caramujo
pode pôr o pé no chão
regar a horta com a mangueira
não na hora do solão

Pode plantar bananeira
no meio das bananeiras
e colher alguns beijinhos
perto da jabuticabeira

Pode amassar as folhas
pra cheirar cada tempero
buscar minhoca no buraco
bem lá perto do coqueiro

Andar junto da acerola
e encontrar o araçá
achar boldo e babosa
cheiro-verde e o que mais há!

Pode se pesar na balança
feita pra saco de café
à manivela, torradeira dança
tostando o grão; que cheiro é!

Espiar o ranchinho de tranqueira
bem trancado à taramela
pela fresta, delicioso medo
universo que se revela

Pode olhar a passarada
de tão pouca envergadura
da pimenteira carregada
comer baga madura

Em alegre toada
batendo asa a celebrar
ver na calota virada
a sabiá a se banhar

Pode procurar libélula
e fingir que você voa
entre fadas fabulosas
o som da cítara ecoa

Pode mexer com ferramenta
do Vô Elydio e se lembrar
da corpulenta cavadeira
chão vermelho a cavoucar

Ante a sujeira instalada
sem paninho que arranque
uma hora a festa acaba
é sempre no banho de tanque

A ti, desejos

A ti desejo o calor
do sol manso que se derrama sobre a praia
fim de tarde

A ti desejo o vermelho
das papoulas em flor
ao acaso nascidas
à beira do caminho

A ti desejo o cantar
do sabiá no telhado
anunciando de novo
novo dia

A ti desejo o sabor
das mangas colhidas na hora
degustadas
à sombra do pé

A ti desejo a acolhida
do aroma do café
fumegante
acabadinho de fazer

A ti desejo o presente
de perceber aqui o instante
única eternidade

Eu quero um velho

Eu quero um velho pra me dizer
o nome da árvore em frente à minha casa
quero um velho pra me contar
o nome popular da ave que canta daquele jeito
ali no coreto da praça
pra me prescrever chá de ervas do quintal
e falar sobre a espécie daquele limão
que eu nunca tinha visto
eu quero um velho pra me dizer:
"No meu tempo a gente fazia isso"
"Minha mãe depenava galinha na varanda da casa"
eu quero um velho
pra não me sentir sem história
pra me fazer cafuné
e me pôr pra dormir

Três haicais tristes

sino da manhã –
o cachorro do diácono
morto na calçada

.....

gaiola de penas –
o canário emudeceu
no fim do verão

.....

giram na memória
os desenhos dos relâmpagos –
infância na guerra

CENAS

Cena

Uma maçã no caminho
no chão, em pé
altiva e só
perfeitamente encarnada

Nem feira, nem mercado
nem macieira ao redor
e uma maçã perfeita
na terra se demarcava

Brilhavam ao sol de dezembro
a beleza e a solidão
reluzia no solo a maçã
concebida sem pecado

Passei por ela sem pressa
ficou pra trás, alheia
virei-me vezes sem conta
e a maçã firme, à beira

No solo, ali, ficou a fruta
aquela maçã encantada
na minha cabeça ferveram
mil histórias mal contadas

Mares

Conheço o mar da superfície
seus verdes, cinzas e azuis
o mar da beleza branca
que quebra na areia
e que canta em vai e vem
entoando tons
maiores e menores

Não compreendo profundidades
o que gera em seu ventre
o que mata no seu ventre
o que esconde nas profundezas
da sua escuridão

Não sei sequer os nomes
que escolhe e dá a seus peixes
seus monstros marinhos
seus corais coloridos
os navios naufragados

Não conheço os segredos
que guarda
o mar que não canta

De mudança

É hora, amor!
já dobrei o pôr do sol
pra caber no bolso
fiz mil fotos digitais
em amarelo, laranja,
rosa, lilás

Recolhi na memória
galhos que guardam chamados
e o canto diverso dos pássaros
saí, siriri, sabiá
ah, o meu pitiguari!

Do alto, imponentes
as araucárias já me dão adeus
au revoir pinhões de quintal

Levo livros, telas, ecrãs
suculentas e violetas
incontáveis álbuns de fotos:

férias, Natais, carnavais
alegria em figurinhas de gentes

Sentirei falta da vista
e de algumas coisas mais
mas já é hora, amor!
de sair, mudar de casa
carregar nas asas apenas
a nossa essência, nossa paz

Medo

Para em frente à TV
propaganda de filme de terror
deixa a sala
e traz o vampiro com ela
todas as noites ele se balança
de cabeça pra baixo
no cérebro da menina insone

Longe

Antes de antes
de outrora
em outro tempo
outra história
alguém já vivia essa dor
de ditongo aberto
essa tristeza
em alma viva
solidão de água e sal

Noite e dia

Noite é dia quase sem luz
refúgio para os medos
mesmo que não se tema

Dia é noite com mais luz
os astros existem, persistem
estão bem ali as estrelas todas
todas as constelações
Órion, Andrômeda, Hidra
não desaparecem, enfim
senão da nossa vista

A noite é dia
o dia é noite
a vida em vários tons
aquilo que não se enxerga
não nos priva de que exista

A luz esconde a noite
na esquina de cada dia
a noite esconde o dia
na boa mesa da boemia

Ciber

Se soubesses
me programar
que alma me darias?

Feminicídio diagramático

Ao lado D

Perto D

Abaixo D

F

u

g

i

n

d

o

D

Longe D

Perto D Ao lado D

.

.

.

.

.

.

Sete palmos

abaixo D

Clown

A picardia do palhaço
no meio do picadeiro
triste, triste

Primeira vez no Atlântico

O espanto do garoto
o espanto do guri
o espanto do puto
do piá e do miúdo
o espanto do menino
o espanto do moleque
são todos do mesmo tamanho

Reflexões

Os limpadores de vidro
dos arranha-céus espelhados
uns sofrem limpando manchas
de pássaros estraçalhados
outros sonham alto
polindo nuvens

Desterência

Quero inventar
o desinventor
para dester um tantão de coisa
que a gente tem no mundo

Ele desinventaria
tudo o que fosse sem presta
que era pro mundo dester
um tantão de coisa besta
a guerra
a fome
o medo
as crianças que não têm sonhos

ENTRE POEMAS

Limbo

Penso na tristeza
e quiçá na fúria
dos livros nunca emprestados
a colecionar camadas de poeira
em seus poros de celulose
escondidos em prateleiras

Penso no não sentimento
dos livros baixados e nunca lidos
a ocupar bytes de memória
nos dedicados dispositivos
sem terem produzido uma única memória
que os justifique

Quanta intenção mal-acabada
quanta prisão deliberada
quanta tensão não libertada
quanta palavra, quanta palavra
desperdiçada

Viver de poesia

Atento
fita
examina
ciente do fundamental
e a vida corre
nos lapsos entre duas poesias

Atento
foca
escrutina
alheia ao fundamental
transcorre a vida
além dos parênteses da poesia

Nos lapsos entre dois poemas
a vida corre
transcorre a vida
no vão ante os parênteses
da poesia

O poeta

(a Fernando Pessoa)

O poeta é um louco
que não te deixa enlouquecer
o poeta é um louco
que não te deixa esquecer
o poeta se finge de louco
pra você não perceber

Para aviar um poema

Não esqueça o ritmo
não subestime o intento
venha dançar com a língua
hoje, agora, a qualquer momento
depois inocule num livro
num site
num bilhetinho apócrifo
e deixe agir

Escondidinho

Esconda na linguagem
uma ironia
uma piada
um amor reprimido
uma charada
uma semente
um coquetel de comprimidos
a infância distante
sonhos maldormidos
xilema e floema
álcool ou camomila
música instrumental
urubu e corruíra
o sino da igreja
uma vontade de morrer
o desejo ardente de renascer
num mesmo e único poema

Acesse a versão digital combinatória deste poema em:
https://telepoesis.net/escondidinho
Acione o som. Melhor visualizado em computadores.

Frustração

Poesia

Transferir pela boca da mão
a imagem que vejo
só
com o coração

Eu, poeta

Quem sou eu
nessa terceira pessoa
que fala de mim?

A morte da poesia

Da minha pena
não brota mais
poesia
cruel pena
penosa sina
olhos ao céu e vejo
apenas
rondar a ave
de rapina

Semente de poesia

Plantei um livro de Manoel
na terra do meu quintal
brotei

Ali jaz

Na página branca
um . perdido me espanta

Jaz ali a gralha
tipo
gráfica

Tipos de poeta

I – AUDITOR
audita o próprio poema
até que se declare
sonegador

II – DELEGADO
interroga o próprio poema
até que se declare
culpado

III – CONVICTO
ama o próprio poema
até que se declare
apaixonado

IV – ARREPENDIDO
duvida do próprio poema
até que se declare
impostor

Conto em voz alta

Quero te contar um conto
um conto bem contado
se não for contado bem
veja lá, me dê um desconto
faz tempo que não conto
um conto contado assim

Conto contado escrito
como se falado fosse
mais que lido, declamado
mais do que conto contado
com o coração sentido

Te conto um conto
que fala da história
que viaja de boca em boca
história que tão bem contada
parece que sempre existiu

Essa história minha mãe me contou
e a professora já sabia

minha vó me confessou
que sua bisa já dizia

Que história? Não importa
o que quero contar mesmo
é do meu desencanto
no dia em que vi tal conto
preso sem dó nem espanto
numa folha de papel
cheinha de vírgula e ponto

Onde está a voz, o canto,
desse conto que ouvia tanto
na fala mansa de tantos afetos?
onde está a voz, o canto,
nesse conto amarrado em letras
num livro de acalantos?

Te conto da minha surpresa
de quando li aquele texto
ali tão bem empalavrado

e passei a compreender
agora, então, aliviado
o que conto aqui de fato

O conto ali pregado
com letras, vírgulas e pontos
não era assim tão parado
aquele conto ali colado
grande verdade me contou

O que liberta um texto grudado
é a asa da palavra dita
que se esconde dentro da escrita
como semente bendita

Mora ali a palavra alada
voa livre, cantando
dentro de nossas cabeças
não é, nunca foi calada
faz é revoada
bem de sobre o coração

Marcas

Entre uma cor e outra
a queimadura conta
desejos de grandeza

Entre uma dor e outra
a cicatriz reconta
antiga lenda

Entre uma linha e outra
o marcador que esconda
nossa óbvia verdade

Entre uma e outra marca
o corpo todo exalta:
somos todos letreiros

MICROPOEMAS

Ele me tirou o chão

e eu voei

Destino

é falta de tino?

Calma!

o pôr do sol acende a lua

Nervuras reticuladas

a folha morta vira renda

Prenúncio de chuva

o cheiro de verde já brota

POSFÁCIO

Leve, solar, e flutua

Ana Elisa Ribeiro

Conheci primeiro a Jaqueline Conte pesquisadora da literatura endereçada às crianças e na relação com as tecnologias digitais. Entre suas andanças por Curitiba e Coimbra, mantivemos um contato alegre, sempre a falar desses temas que nos encantam e interessam, com a seriedade dos trabalhos acadêmicos. Mas a Jaqueline já vinha produzindo um livro de poemas endereçados a outros públicos, e foi aí que conheci o *Céu a pino*, um livro solar e azul, com um girassol na capa, que ela publicou em 2022. Logo depois de ler, comentei com a Jaque: mas esse livro é tão bonito, tão leve, tão solar, que acho que qualquer público pode lê-lo, e gostar dele, e se animar, e curtir. Ela me falou umas coisas sobre escrever e como ela escreve, e aí muitas ideias começaram a surgir na minha cabeça de curadora-editora.

Bem, foi desde esse episódio de leitura e de conversa que pensei nos poemas da Jaqueline Conte para um dos volumes da Madrinha Lua. Com essa voz leve, que nos leva a flutuar como em desenhos animados, pensei que seria legal um volume bem poético, que trouxesse à Biblioteca Madrinha Lua uma poeta do sul do Brasil que vem escrevendo no limite entre o encantamento e as cores, a juventude e as questões da vida adulta. Jaqueline topou esse passeio pela *Desterência*, título ao qual chegamos depois de vários poetares, algumas poetâncias e uma potência de brincar com a língua como quem faz malabares com um sorriso permanente no rosto. Nossa prefaciadora, a enorme escritora santista-paraibana Maria Valéria Rezende, ao fruir o original da Jaque para escrever suas primeiras palavras, disse que sente alívio ao tomar contato com essa poesia que vem dos mínimos poéticos das coisas, uma poesia que não é só "prosa com enter", nos bem-humorados, mas também precisos, dizeres dela.

A Biblioteca Madrinha Lua pretende reunir algumas das poetas que nos aparecem pelas frestas do mercado editorial, pelas fendas do debate literário amplo, pelas escotilhas oxidadas enquanto mergulhamos na literatura contemporânea. Já no final da vida, Henriqueta Lisboa, nossa poeta madrinha, se fazia uma pergunta dura, sem resposta previsível, em especial para as mulheres que escrevem: "Terá valido a pena a persistência?". Pois então.

Acho que todas se perguntam isso, cedo ou tarde. Não terá sido por falta de persistência e de uma coleção como esta, poeta, à qual se integra agora a voz lírica e esvoaçante de Jaqueline Conte.

ÍNDICE DE POEMAS

FONTES **Eskorte e Ronnia**

PAPEL **Avena 80 g/m²**

TIRAGEM **1000**